Muda

Ernesto Hernández Busto
Muda

bokeh ✳

Índice

II. Ley del paisaje

La Ley del Cambio rige todas las cosas,
como el rocío, las nubes, un fantasma o la bruma.
Así has de contemplarlas.

Sutra del Diamante

I.
Mundo flotante

Oír voces

Discúlpame, he tenido
que cerrar la ventana
un demasiado viento
ululaba dichoso
y consiguió ponerme de los nervios
(decimos así allá: «ponerse de los nervios»).
Irritado, di vueltas
dejando que el fantasma
me acunara un buen rato,
pero no hubo remedio,
tuve que atravesarlo
convencerlo a la fuerza,
descoyuntar su grito.
Y escapó, sibilino,
para rodear entonces la cabeza
de aquel viejo del metro
que más que hablar consigo mismo,
adoctrinaba a sus varios sosias,
conferenciaba para sí
con la alegría del iluminado,
gesticulando con una mano
mientras se sujetaba los pantalones con la otra…
Y siguió calle abajo recorriendo
cientos de idénticas lavanderías,
desquiciando a trajeados funcionarios
y a tímidas chinitas diligentes,
y al florista mexicano que soplaba las rosas

para abrirlas
como si susurrara algún conjuro,
y atravesó aquel parque muerto
y bailó sobre el río
la danza loca del invierno,
no la del viento seco que aúlla entre eucaliptos
recaudando divorcios y suicidios
allá por el Oeste,
sino el húmedo cierzo
la furia lacrimosa de esta isla
que enajena y perturba
con la sonrisa idiota
de alguien que está medio tocado
(decimos así allá: «estar medio tocado»).
Inclinarse, implorar,
son trabajos vencidos
por esa incontenible risotada de arpía
que se prolonga y vibra como un saxo alto.
Discúlpame, era el viento
que agitaba las cosas en la mente,
oscuro oleaje que nos alejaba
del austero cuartel de la amistad,
de su severa bóveda de *guastavino tiles*,
armonioso y compacto misterio matemático
que nos educa, en suma, para el prójimo.
«Tiene algo esta ciudad, una energía»
—es el viento, pensé,
que arrastra los cadáveres
de un millón de fracasos,
así también, la cúpula redime
los cascajos revueltos.

Es el viento, sin duda,
su carrera salvaje y sus juegos de espejos
que desembocan siempre en misticismo,
pacientes obsesiones del loco de remate
(«de remate»: así se dice allá,
como si hubiera una subasta de posesos).
Discúlpame, he tenido
que cerrar la ventana,
afuera la ciudad
y yo flotando libre
llevado por el viento.

NY, octubre de 2013

Soñé que el fuego se helaba

Soñé que el fuego se helaba,
soñé que la nieve ardía,
y por soñar lo imposible
soñé que tú me querías.

Anónimo

Soñé que el fuego se helaba
como nuestras sonrisas en rostros del pasado,
aquellas muecas con sólo media cara
como el extravagante bailarín del *kathakali:*
pasiones adversarias,
la faz sonriente, iracunda
y un poco bizca de la ira,
labios de lacre,
falsas uñas de plata desgarrando el tejido
de una pesadilla.

Soñé que la nieve ardía
y punzaba la lengua pegada a la verja,
y allí en medio del hielo
vi un halo tibetano, el cuerpo entre las flamas,
el saber madurado,
todas las listas en un solo silencio.
(Sabemos que la nieve en realidad es negra,
como descubrió aquel filósofo griego:
es el carbón de todo lo anhelado.)

Y por soñar lo imposible
pensé en diversas fases

de una melodía que encerrara la vida
sin mayor disonancia,
es decir, sin palabras:
        no más notas falsas,
        no más gestos en vano,
        no más estaciones,
        no más trémolos.

Soñé que tú me querías
y algunas tardes
en aquella veranda
de luz amortiguada
los dos podíamos escucharla.

Alguien llamó

Alguien llamó pidiéndome noticias
y lento de reflejos, encogido,
dije lo que sabía: poca cosa.
Esa noche viniste, sin embargo,
a reprocharme todas mis reservas,
el constante abandono que marcaba
cualquier proyecto nuestro,
la amistad inconclusa,
la boda que no fue,
aquel hijo nonato que bien pudo salvarnos.
Vagábamos por pueblos medievales,
cada uno bebía el lenguaje del otro;
tardes desmenuzadas en la buhardilla
atento al ruido de tu coche en la grava,
Montale y el *Corriere*.
Al cabo de unas horas, agotado
de no entender
bajaba al bar del pueblo
con el pretexto del café o alguna
Dora Markus eslava en minifalda.
Era feliz, supongo, pero un día
me dio miedo la vida, aquel hastío,
todo liso, brillante, emulsionado,
un lustre de infinito en cada cosa
para evitar imaginar qué sigue.
Entramos en el biombo rutinario,
paisaje desmontable, entretejido,

lirios, estanques, nubes, crisantemos
o la muda eclosión de los cerezos
que hace superflua cualquier otra figura.
Con la mente vacía, en ese estado
de abandono expectante que precede al poema
miramos nuestra vida, arrepentidos,
vano zigzag dentro del bosque humano
y el aire eléctrico de los remordimientos.
Entonces alguien llama y de repente
veo tu trenza de sangre, veo tu espalda,
veo tu rostro lloroso, enflaquecido,
oigo risas en un rincón nocturno
como quien rinde cuentas a un espectro.

Varja

Detrás de la vitrina, disfrazado
de souvenir budista, ese terrible
fulgor divino, rayo irreversible
que esconde su poder ilimitado.

Un objeto esotérico, inspirado
en los filos de un arma indestructible,
con sus cinco tenazas, impasible
escarabajo bien domesticado.

Disuelve la pasión, saja la vida
del ansia que nos duele y ensombrece
los goces de la carne poseída.

Ilumina, combate, favorece,
propone un nuevo punto de partida...
pero tras la vitrina languidece.

Eros

Como el arco y la cuerda.
No esa estúpida guerra de los sexos
donde hacemos la siesta
del viajero en el tren,
que al despertar le cuentan
todo lo que no vio.

Apólogo del ojo

En el ojo hallé un bosque devastado,
una visión detrás de las visiones.
La imagen aumentada del órgano
que nos permite sentir la belleza
es el paisaje de un pequeño infierno:
árboles chamuscados,
zarzal ardiente, quizá
pero en carbón *post mortem*,
el oro rojo del silencio vítreo.

Raicillas de sangre, parapetos,
minúsculos tormentos de la córnea…
Definición de vista:
incendio en la mirada
bajo el sol de la Pupila primordial.

Phantom Pain

Alguna vez leí
(creo que fue en los diarios de Yeats)
que las mujeres de omóplatos grandes
nunca son confiables:
«revelan una naturaleza penetrante,
demasiado hábil
para ser capaces de ninguna pasión».
Cosas que no sabe cualquiera
hay que admitir,
lecciones importantes:
nuestro espíritu, mudo,
lamenta su ignorancia.
Pero tales consejos siempre llegan tarde,
como el poder austero
de la mujer que sabe
que será abandonada.

Variación del «Soneto de la esperanza perdida», de Carlos Drummond de Andrade

Perdidos ya tranvía y esperanza,
pálido y ojeroso vuelvo a casa.
Por esta calle inútil ya no pasa
ningún auto dispuesto a la venganza.

Voy a subir por esa cuesta lenta
de senderos desiertos, confundidos,
que devuelven al cuerpo y los sentidos
el drama de una flora soñolienta.

No sé si sufro o si alguien se divierte
a mi costa esta noche en el infierno
mientras recorro este paisaje inerte;

suena la flauta, quiero ser moderno,
pero hace mucho cruzamos la Muerte
y un triste ¡sí! gritamos a lo eterno.

Carmen XXXII, *de Gayo Valerio Catulo*

Así te ruego, querida señora,
mi belleza soñada, mi delicia:
invítame a tu casa a echar la siesta.
Si te complace, ayúdame con esto:
deja abierta la puerta, y hoy no salgas,
quédate en casa lista para hacerlo
nueve veces seguidas.
Pero avísame pronto: ya he comido
y harto ahora, dispuesto y bocarriba,
atravieso la túnica y el manto.

Ojo de Agua

Ahora yo era aquel
que encontraba mi sitio
en plena cordillera de caliza,
y una de esas colinas,
la Doncella,
muslos perfectos, cara de desaliento,
marcando el punto exacto en que la vista
reúne el Mar del Sur y el Mar del Norte.
La Sierra de Cristal nos contemplaba
como ciertas mujeres contemplan a sus hombres
poco antes de que huyan
espoleando a la bestia
                    hacia el poniente.

Tríada

Al fin éramos tres, el número perfecto:
ninguno satisfecho,
cada cual presumiendo la ignorancia del otro.

Como un paisaje de palabras vanas,
o grumos de una historia resinosa:
esa memoria confinada al tacto,
mano que recorre genealógicas vetas
sobre una mesa en la que se acumula
toda la hojarasca de las cosas idas.
Coloquio de sombras
en una noche de Semana Santa.
Se bebe, se habla un poco de nada,
se murmura después del invitado
(palabras degradadas a sobras de la cena).
Todo vale con tal de prolongar
la corona imperceptible de la próxima hora,
ese ritual del pan desmigajado
antes de la traición, duda o engaño.

Sobre una estrofa de Gerard Manley Hopkins

Guiándome, dador de aliento y pan,
en el mundo: tu playa,
los vaivenes: tu reino
entre vivos y muertos.
Una armazón de huesos,
venas, tendones, músculos y carne,
donde tras lo aparente
descubro tu modelo.
Arbitrario, me tocas.
Encuéntrome en tu dedo.

Soneto del noveno mes

La noche se revuelve como antigua sospecha,
su pupila insondable resbala en el espejo
de ese piano de cola, y un secreto festejo
se amplifica en insomnio. La luna satisfecha

cruza el campo minado de las constelaciones.
Por la puerta entreabierta, como aquella reclusa
de la que escribe Kenko en *Tsurezuregusa*
la miramos pasar: ambiguas sensaciones

se escurren en la sombra de esa ranura estrecha.
Tratamos de atraparlas en las conversaciones,
en cócteles, debates... Pero llega la fecha:

una vez más, otoño, dirimiendo cuestiones
irresolubles, vanas, esa inútil cosecha
de otra Noche que borra todas las opiniones.

Dos tankas

VARIACIÓN SOBRE UN POEMA
DE FUJIWARA NO TOSHIYUKI

¿Cómo evitar
esos ojos que asedian
camino al sueño?
Son como olas que rompen
en la playa, de noche.

*

VARIACIÓN SOBRE UN POEMA DEL MONJE SOSEI

«Vuelvo enseguida»…
Y la he estado esperando
desde hace tanto
que la luna más larga
se ha hecho luna del alba.

Si

Et si nous valions mieux que le bonheur?

Franz Lizst

¿Si valiésemos más
y por azar
hubiéramos tomado otro camino,
a partir de algún punto
pensado en otras cosas
ignorando el dolor
como un artista olvida las ideas
de cuando era primerizo,
aun con la impresión
de cosas importantes que ocurrieron
en un lugar borroso
entre el cuerpo y el alma?

Kopfkino

Cuatro veces pisó aquella ciudad
pidiendo a gritos ser iluminada,
quiso ser santa, regresó aterrada
y redujo su vida a la mitad

de experiencias a cambio de piedad
(una apuesta, quizás, equivocada).
Años después se dijo traicionada
por el cine mental de su verdad,

perenne insomnio con la mala suerte
que acompaña a la imagen reprimida,
una acedia secreta que pervierte

la tácita consigna del suicida:
no está dispuesta a malgastar su muerte
de la misma manera que su vida.

Monólogo de Circe

Al pasear por la orilla
me acuerdo de aquel año
que pasamos mirando el diálogo imposible
de la roca y el mar
—yo, imaginando planes hogareños;
tú, la mejor forma de abandonarme—
locuras de aquel mundo dibujado
en los reflejos nocturnos del agua.

Ser hija del Sol tiene algunas ventajas:
te regala una alfombra permanente,
caderas generosas, la piel aceitunada,
un orgullo que espanta a los intrusos...
Quién me creería si dijera que entonces
no me importaba el tiempo: dejaba que las cosas
encontraran su sitio y las constelaciones
tejieran su bestiario
mientras yo me esforzaba en mi telar
—faisanes coloridos, *palampore* intrincado,
un bosque de elefantes, pavos reales...—,
concentrada en mi oficio,
rodeada de chiquillos.

De qué me sirven ya tantas pociones
atrapada en la isla de este cuerpo marchito.
Una vez preguntaste
cómo escogía el animal,

cuáles eran las reglas de mi arte.
Yo traté de explicarte que la bestia es interna
y cada cual la lleva insinuada en el rostro:
un perfil de rapaz, ojos bovinos,
el hocico de fiera o de mandril...
Sólo libero unas formas que habitan
el depósito estrecho de la apariencia humana.
El castigo no está en volverse bestia,
sino en seguir consciente, saber lo que ha ocurrido,
ver, tocarse, lamer, pensarse así...
Es un poder terrible pero hermoso,
convertir a los hombres en lo que llevan dentro,
destejer las figuras del tapiz de la carne,
acomodar la piel, colorear los pelajes.

Te tenté con el don de la vulgaridad,
el hechizo más fuerte, el animal más bajo,
y al final resultaste seguir siendo tú mismo:
único cerdo humano,
mi antídoto perfecto,
el amor que esperaba.

Jitterbug Waltz

Caramillo de plata, dijo uno,
otro habló de canoas
y me quedé escuchando un rato más
aquel pedazo de conversación,
seis o siete palabras atrapadas al vuelo,
imágenes urbanas devueltas a su jaula.
Sobre la mesa se apilaban botellas
y dibujos casuales, abstractos como el vals.
Horas después, a punto de cerrar,
la misma pareja aún sobre la pista,
embelesados, con ojos brillantes.
Se miraban sin verse,
como si en vez de bailar
estuvieran recordándose.

Los conspiradores

The gentle reader has heard this before.

Ezra Pound, *Canto XXXVIII*

«¿Sabe cómo se las arreglaron
los alemanes
para hacer tantas guerras sin petróleo?
Proceso Fisher-Tropsch: esa es la clave.
Y los americanos luego se llevaron
a los científicos que hicieron esas plantas
para los nazis,
y los pusieron a trabajar en silos.
Pero en mil novecientos cincuenta y tres
lo detuvieron todo:
a las petroleras no les convenía.
Y lo mismo pasó con ese Meyer,
el inventor del coche que funciona con agua
sin cambiar el motor
–¿se lo imagina usted?–
ya estaba listo para la producción en serie
y se negó mil veces a venderlo
a las corporaciones
que por supuesto hubieran archivado su invento.
Por eso lo mataron en el noventiocho.
Y con el coche eléctrico, lo mismo:
no les conviene que la cosa se extienda.
Ni los americanos ni los árabes quieren,
en eso sí que se ponen de acuerdo.

Pues como dijo Adam Smith,
esos del mismo gremio
nunca se juntan si no es para jodernos».

Así habló mi taxista,
y luego se puso a silbar.
De vez en cuando volteaba la cabeza
para hacerme un guiño cómplice,
la seña oculta de Monsieur Brisset,
Prince de Penseurs.
Esa noche soñé con Fisher-Tropsch
—los reactores plateados, infantiles,
como en un comic—
y conversé con Meyer para que me explicara
los ingenuos misterios de su alquimia,
y allí en mi sueño estaban,
por desgracia,
los dos malditos belgas que lo envenenaron
muy pálidos,
de manos elegantes y ojeras azulosas,
con el sombrero puesto,
al borde de una mesa.
En aquellos momentos yo parecía entender,
ver la historia del mundo sin sus velos
(*Paranoia is a form of awareness...* todo eso)
y por allí también vagaba el viejo Pound
que como buen poeta conspiró
contra el injusto monopolio de la realidad.
Escuché entonces la conversación
de Pound y mi taxista,
a esa hora tardía tan locuaces,

orgullosos de sus respectivas
patentes no estafadas (ni vendidas).

«Yo tuve un gran amigo viviendo allá en la isla
se llamaba Frank Bacon, un demonio,
trató de acaparar los centavos de cobre
y le hizo competencia al banco de Castaño:
gran usura cubana, *damn good fellow*
cegado por su gesta de oricalco.
Pero acabó en Manhattan
por la 47, donde me contó
cómo se iba a dormir con una guardia regia
de dos cabrones negros
chained to his waist
to keep 'em from slipping off in the night»

Pero eso es otro poema, por supuesto.

Tras leer las dos versiones de «The Broken Bowl», de James Merrill

Primero nos consuela saber que no hay remedio
ante ese vaso roto: las flores salpicadas,
mil astillas de vidrio, que en el suelo regadas,
como un juego de *yaquis*, resisten el asedio

de la obstinada forma. La integridad dispersa
en brillos disonantes. El amor es un vaso
que como el tiempo, roto, proclama su fracaso.
Años después lo cuenta de manera diversa,

reconstruye ese vaso, que es tiempo y viceversa.
Los fragmentos brillantes, contrapuestos al tedio,
resultan ser diamantes de facetas heladas,

proponen armonías, adquieren forma inversa:
la ruina es arcoiris, hay una ouija en medio
de un bosque donde yacen pasiones silenciadas.

Revelación

Fue en mitad del camino de la vida,
en una interminable cola de Correos,
éramos cientos, allí arracimados,
y mientras esperaba pacientemente mi turno pude ver
cómo el anciano llevaba al niño de la mano
para que tradujera en aquel otro idioma sus palabras:
un sencillo mensaje, nada trascendente,
simples palabras en busca de su sentido recto,
pasando por la todopoderosa boca de un niño,
brotando, ligeras, ante la mirada muerta
de un empleado del servicio postal.
Y pensé entonces en la traducción,
en la confianza,
en el trabajo de compartir las palabras con alguien,
en las disculpas de aquellos primeros
traductores franceses de Shakespeare,
excusándose por la vulgaridad,
la violencia, el desparpajo,
de aquellas historias
que no embonaban con la *belle manière*,
y me vino a la mente la amenaza germánica,
la atronadora voz, admonitoria,
explicando que algunos errores de traducción
son peligrosos,
pueden atrasarnos,
situarnos en desventaja,
ralentizar incluso la civilización,

y que demoran, a veces siglos, en ser reparados.
El anciano, mientras yo meditaba aquellas cosas,
–una voz que paseaba en mi cabeza–,
no dejaba de susurrar al perfecto ventrílocuo
que elevé de inmediato a la estatura de Eneas
cargando con Anquises.
Un anciano arrugado y un niño muy serio,
diez años a lo sumo,
en aquellas inmensas oficinas,
y yo medio aburrido, en aquel país de paso,
viendo sus ojos limpios frente a los ojos grises,
las palabras precisas de su fino dibujo
como figuras de papel recortado,
casi un juego de niños.

II.
Ley del paisaje

Hancock

Un árbol de oro sucio
encajado en mitad de las dos casas,
y el viento que al pasar
hacía un sonido
de copas frotadas por el borde.
El otoño cantaba como un coro de bronce
cruzaba las montañas
tocaba las aldabas de las puertas mostaza.
Todo allí alrededor ritmaba la estación,
una misma paleta antifonal,
como si atreverse a usar otros colores
acarrease un castigo,
cada trozo de paisaje en una partitura
de cosas encastradas:
el ensamblaje de la melancolía.

Aquel lugar de Massachusetts
te recordó Japón:
la madera pulida y sus tonos oscuros,
la gradación de sombras,
los encuadres y la luz tamizada,
todo diseñado para su función,
desde la araña del calefactor hasta el cuarto
del hielo con sus pinzas enormes
y su sótano con suelo de aserrín;
nada superfluo,
cada cosa orgullosa

de su hermoso porqué.
Formas pensadas para armonizar
un mundo cercenado por la bisectriz;
lado A, lado B,
hombre, mujer,
un ala de la casa para cada género,
el simple sueño de lo complementario,
austero mecanismo donde el agua
de alegres lavanderas se usa para mover
máquinas masculinas en el cuarto de al lado.
Era una tentación, un reto.
La suave complacencia, la certeza
de haber sido creados para ese preciso
rincón del universo,
desde allí funcionar,
seguir las jerarquías y órdenes trazadas,
ir puliendo costumbres en silencio,
sin enfadarse, sin desentonar,
vistiendo capas ocres,
fabricando unas cajas de madera flexible
curvadas al vapor, selladas con un cierre
que llaman «cola de golondrina».

Vi los trofeos más puros del reino del matiz,
probé frutos bordados del árbol de la vida,
imaginé canciones
tras las jornadas arduas en el campo.
Sólo al pasar por lo que se supone
que era una enfermería fue que sentí de golpe
la tristeza profunda que calaba aquel sitio.
Y tú también lo viste.

Pasaste los dedos por esa cicatriz,
miraste aquellos frascos de metal,
los montones de tela arrebujada,
los cabezales fríos de las camas de hierro,
las cuerdas que colgaban de un piso al otro:
un patíbulo práctico.
Y ambos comprendimos
casi al mismo tiempo
la tremenda locura que implica prescindir
de la sana locura del mundo desigual
y sus sexos revueltos,
de la estéril belleza que grita su rabia
más allá de proyectos y ritos cotidianos.
No teníamos remedio.
Fue un día radiante pero ya a la salida
—los autobuses de turistas idos—
la luz se iba apagando
por aquellos senderos de un jardín vencido,
la torre del pajar sobresalía
como el centro de un panal abandonado,
el viento susurraba en la hojarasca
su *diminuendo*.

E. D.

Mariposa
del Massachusetts frío

Virgilio Piñera, *Emily Dickinson*

Economizar
papel y palabras
como una buena ama de casa
que ahorra provisiones
para el invierno.

Alla rinfusa

A Omar Pérez

Primavera, pasión de lo pequeño,
Toscana de la mente, Babel de los colores,
isla de goce sobre la laguna
del presente perfecto.
Se tarda en entender,
remoloneamos,
paseamos bajo arcadas y gramáticas,
pero sus incidentes, sus metamorfosis,
los miles de episodios diminutos
se acaban imponiendo
y la razón se amansa en los sentidos.
«Lo natural es siempre sin error»
una típica charla de poetas,
pero en ese continuo me cuesta descifrar
místicas pulsaciones.
Carcajadas, anhelos de la tierra
que tienta con los frutos
y oculta la semilla.
Se muestra *alla rinfusa*,
avasallante.
El fruto es el placer y la semilla, esencia,
la primavera siempre los confunde
y en vez de ser lo simple en mutación
acaba en podredumbre y sinsentido:
abejas locas zumbando entre los higos,

sangre de la granada abierta,
el tacto tibio del trigo y el espliego,
los engaños de un campo de lavanda...
Me siento listo para el desagravio
pero aún no distingo al Dios de la Cosecha,
esa imagen perfecta que daría sentido
al diálogo callado de unas estaciones
que se van traduciendo unas a otras.

Pájaros de Montclair

Qué tienen los pájaros de Montclair
que cantan, desesperados,
en la madrugada,
y hay algo triste en ese canto,
algo que ni siquiera el tacto de la madera pulida,
y este insano verdor de primavera,
y la agradable sensación de caminar
entre una nube de gotas pequeñísimas
alivia.
En mi avenida, en cambio,
hay un pájaro que canta como un teléfono móvil,
un traqueteo monocorde,
equidistante del gorjeo y el trino,
último estadio evolutivo del pájaro onomatopéyico.
Mi teléfono suena como ese pájaro,
o viceversa.
Me lo vendió un árabe caricaturesco,
de mirada taimada, barbita puntiaguda
y manos regordetas, llenas de anillos,
que al fondo de una tienda de bikinis
escuchaba un sermón sincopado
del que yo sólo entendía la palabra «*Ne-tan-ya-ju*».
Había escuchado antes ese trino
en la guía de pájaros,
aquel libro con teclas que los niños pulsaban
una y otra vez,
sucedáneo moderno

de aquellos ruiseñores enjaulados del cuento.
Mientras cruzo Alton Road
escucho esa llamada
entre una maraña de sonidos humeantes
y pienso en mi jardín de hace unos años,
reino de estatuas descabezadas
entre rosas de injerto.
En esa época tenía pensamientos ordenados,
conocía mi tribu de palabras,
creía ser feliz en el desistimiento.
Ahora me interesan más la lógica suicida
de la ingratitud,
la súbita aceleración de los pelícanos,
unas garzas de pico rojo y curvo,
la razón del impulso
que me hace recoger algún palo en el suelo
como cuando era niño,
y llevarlo para que me acompañe
en largas caminatas.

Celadón (marina)

¿Ves ese espolón de nubes bajas?
Son ellas las que engendran el color,
un tono raro, inestable, difuso.
Atrezzo de gaviotas.
Maresía.
Argamasa de esponjas,
moluscos y algas muertas.
Salvación de lo pútrido.
Dos quietas franjas de reflejos grisáceos
(como si alguien vertiera plomo derretido en el agua)
y otra franja radiante,
mercurial,
el lomo de ese monstruo azul cobalto
que emerge, caprichoso,
de un mar de porcelana celadón.
Un color literario
que tiñe el lugar chino donde el cielo
se encuentra con la tierra,
un color que significa «resonancia»
y ningún alfarero consiguió prever nunca,
un color que no es uno sino varios,
cantado por Virgilio y cortesanas
volubles como cintas,
que soñaban con lánguidos pastores
mientras acariciaban su jarrón de jade,
esperma seco del dragón eterno.
Sumergidos en ese color amuleto,

inmersos en el ritmo sonámbulo del mar,
mi madre y mi hijo dan vueltas de carnero
en el túnel del Tiempo:
vuelven a ser niños.

Paráfrasis

Cuando llega la nieve, y los niños la tocan
mientras es sólida, al principio experimentan
nuevos placeres. Al final su orgullo no les permite
dejarla ir, pero su nueva adquisición no es buena
para ellos si se queda en sus manos.
De la misma manera, un idéntico deseo
lleva a los amantes a actuar o no.

Único fragmento conservado del drama de
Sófocles *Los amores de Aquiles*, a menudo citado
como «El amor es un hielo en las manos de un
niño».

Nos quitamos los guantes
para clavar los dedos en el frío
y juzgar el esplendor de esa primera
bola de hielo que se exhibe
ante el sol titubeante
de una mañana turbia.
La estación es un puño de cristal,
dedos entumecidos que buscan atraparla,
maleable esfera de la bienvenida,
el orgullo que aprieta,
el agua que se escurre,
el asombro de un niño.

Para Daniel, en su décimo tercer cumpleaños

Hay una foto tuya
que miro por las noches
cuando hay guerra allá afuera,
y el equipo Galaxia va ganando.
No sabría explicarte
la razón del consuelo,
el material
de esa pared que se alza contra el mundo,
mi titilante huevo de Pokemon.
Como en ese poema que también has leído,
yo puedo repetir, mientras cruzo la calle,
que ya no eres el niño salvado de los toros.
Mirada del tramposo que calcula distancias
y analiza el terreno en un segundo
para seguir la guerra o contener las bestias.
Un padre disfrazado de mendigo
no es demasiado *cool*
pero al final, ya sabes,
se trataba del Tiempo,
aquel irse y volver, el reencontrarse,
una manera de calcular los riesgos.
Hoy que atraviesas tu *bar mitzvá*,
fase Diamante, rito de pasaje,
y te colocas en el lugar del héroe,
vuelvo a sacar tu foto y te sonrío.

> Sólo este mar está lo mismo
>
> Ernesto Cardenal

Animal aterido,
el mar de esta mañana
se refugia en sí mismo:
viento a salvo del viento,
espuma sobre espuma,
guiñapo contra el borde caótico del risco.
Es el mar infecundo,
el desierto salado,
la incesante desidia color malva
que no se duerme ni despierta nunca,
un delirio monótono que late
al ritmo acompasado de lo vivo,
siempre frustrado, recomenzando siempre.

Han pasado los años, perseguimos
una idea fantasmal de las cosas,
caducaron saberes, sacrificios,
ni siquiera lo incierto fue refugio
ante el oleaje de lo sucesivo.
Han pasado los años, pero el mar es el mismo.

Real de Catorce

Estaba aquel balcón, un valle breve,
un ángulo de sol donde caía
la cruda voluntad de tus preguntas.

Y en el sueño sobraban las respuestas
como un collar de cuentas desgranadas
o un revuelo de plumas al polvo.
Pero nada quedaba al otro día.

Allá en la triste tarde de lo eterno
la luna cruza como un pez helado
el pozo de la noche verdinegra.

Piensas: ir por la vida como por un camino
cada vez más estrecho.
Ripostar a un quienvive o santo y seña,
ser la pantalla donde se proyectan
episodios de vidas anteriores.

Se iba ablandando con cada jadeo
la sintaxis del día:
en Real lo real era más bien escaso.
Así que nos bañamos en un coro de nubes
y subí al más antiguo de los carruseles:
día, tarde, noche, sinsentido…

Palabras que se escapan de vuelta a la garganta,

cura de la sospecha: famélico animal.
Dos jornadas seguidas en el desconcierto.

Yacer ahora en medio de la tarde
como en medio del sueño.

Excursiones

La desesperada perplejidad de aquel pájaro, atrapado en una estación del metro.

Una campana a la que habían castigado por la muerte de un niño. Desbadajada, muda para siempre, recluida en la cárcel de un silencio broncíneo.

Una caja de música que domesticó la prisa sonriente del «Vals del minuto»: tres fragmentos exasperantes, pendientes de la cuerda.

Los vestidos bordados, el prado donde las 33 muchachas de Max Ernst perseguían su mariposa chapoteando en el líquido feliz de la infancia.

Crisantemos abiertos el mismo día que toca partir.

Una pagoda: árbol escalonado.

El flautista de Saint Denis: cada dedo que ciega o que libera, lento oleaje de manos.

Alma de mayordomo.

Palabras de un idioma olvidado que una tarde vuelven a acomodarse en la memoria, como fichas en un damero.

El desorden de una escritura como prueba de buena fe (Montaigne).

Un sonero jarocho: «Cuando la puerta se cierre / Y se acabe mi tropel».

De cualquier manera, uno siempre acaba por obedecer a la belleza.

Quince estaciones

En Kitakami,
diez mil nubes de flores,
carpas al viento.

En la sandía
cabe todo el verano:
agua crujiente.

Luna, almenara:
óvalo de la noche
desmadejada.

Fuji: abanico
colgado de las nubes;
dioses coquetos.

Nítido y frágil:
el contorno de sombra
de aquella nube.

Vente conmigo
que también ando solo,
luna de otoño.

Acomodadas
sobre aleros de paja,
cintas de nieve.

Una tormenta
viaja dentro del árbol:
palo de lluvia.

El tabebuia:
explosiones solares
en cada esquina.

Como aquel niño
que robaba centellas,
mi noche ríe.

Lluvia de invierno:
huesos acalambrados
de mi paraguas.

Lirios de Ogata;
en el jardín del Nizu,
¡los mismos lirios!

Un sol cansado
enjoyó los cañizos:
oros vencidos.

Entre ola y ola,
el mar de octubre esconde
sueños de espuma.

Incluso si
cruzaras el espejo,
te encontraría.

Kitesurfing (a la manera de Tíbulo)

A S.
Hanc ego de caelo ducentem sidera vidi…

En el plácido cielo del verano
los parapentes son comas volubles,
signos encabritados,
irisada aguaviva del aire
pausando el discurso veloz de las nubes.
Quizás puedas moverlos con tus ojos,
como antes conducías los astros por el cielo.

A T.

Aprendo
           a capturar
mis porciones
           de dicha
como ese pescador de las remotas
           islas
Lealtad:
           pez elusivo,
precisión mansa,
           azagaya
que no
      hiere
           a su presa.

Ocaso

Todo el jardín se tensa
como montañas vistas desde arriba:
viejos trapos colgados al sol.
Es la hora en que el mundo se burla
de cualquier intención de trascenderlo
y mientras sopesas tus escasas opciones
–pobre consuelo de la palabra «lumbre»
como rosa cansada al final del verano–
va cayendo la noche inapelable.
Cada figura reclama su fantasma,
aleteando, frenéticas,
en la intemperie fluorescente.
Caducaron las leyes del paisaje.
Las formas mudan,
vuelven enrarecidas.
Aun desconfiado, insistes,
acariciando el lomo
de la bestia del Tiempo.

Supersticiones

Toqué madera: conjuré lo imprevisto. Como quien toca a la puerta de la desgracia confiado en que nunca se abrirá.

Volqué un salero: me salé, me salvé.

Crucé bajo una escalera y sentí cómo el alma subía los escalones de dos en dos.

Acuchillé la tierra para que no lloviera.

Escapé del relámpago en un árbol para rodear el otro; le regalé un deseo que cumplieron mis pasos.
Talé luego ese árbol.

Magnético ámbar negro u ojitos de la Santa colgaron de mi pecho: oscuridad naufragando en lo oscuro, unas pupilas ciegas contra miradas torvas.

Me bañé en ese talco que destruye lo lóbrego.

Y tuve un chino atrás, estuve condenado. Y tuve novia china, prueba de buena suerte.

Lo aquieté, congelado: un nombre en el papel, vuelto imagen borrosa parpadeando en el centro de aquella piedra blanca.

La tenté, la seduje: ahogada en aquel tarro de oro líquido.

Rompí un espejo: años de desventura, la ola destructiva de la imagen.

Con los trozos de azogue me envenené la sangre.

Renací en el mercurio, como alguien razonable. Y morí al día siguiente, de muerte natural.

Wang Wei en la ermita

En el monte desierto,
unas voces lejanas.
Cruza el sol del poniente
lo profundo del bosque
para alumbrar el musgo:
verde, el reflejo asciende.

La vergüenza del viaje (Rensaku)

Aún se discute
cuántas cigarras pueden
calar la roca.

Damas de noche:
el olor de la luna
desmenuzada.

Ciprés: antena
de los dioses que habitan
del otro lado.

Luna en la niebla:
ese cuervo lustroso
robó mi sueño.

La sombra airosa
del empresario fúnebre:
cuervo en la escarcha.

Luna que asoma
por la plateada manga
de aquella nube.

Flores que a veces
tocan el agua y forman
su remolino.

Índigo, añil,
glasto, vetas celestes:
mis jeans gastados.

Aquel invierno
fue como una hemorragia:
chorro de noche.

Don de impaciencia:
clivias que adelantaron
la primavera.

«Pronto se olvida
la vergüenza del viaje»,
dice el proverbio.

Soneto del regreso

He regresado allí donde no estuve,
a la casa que nunca había dejado;
el pórtico crujió, desvencijado,
bajo el pie del fantasma que no tuve.

He vuelto a donde nada había cambiado
después de ser ceniza en una nube,
un viejo visitante que ahora sube
los pisos de un lugar abandonado.

Y todo sigue igual, y permanece
a la vera del tiempo y lo creíble:
cambiado todo, idéntico parece.

Me asusta lo que antaño era risible:
que el pasado se caiga o se tropiece
del lado de la vida, lo imposible.

Notas

Soñé que el fuego se helaba

Intentaba dar forma a un juego poético: «traducir» el encanto de cierta poesía popular en octasílabos a un discurso más «moderno», irónico. Una y otra vez me pregunto por las claves de esa atracción gnómica que provocan coplas, romances, videlas y redondillas, formas cerradas donde improvisación y tradición se confunden sin remedio. No se trataba sólo de pasar de la rima al verso libre, de la canción a la idea, del poema-para-el-oído al poema-para-la-vista. El propósito era más complejo: deconstruir una copla, pero conservando su *wit*, la agilidad y agudeza mental de cierto barroco. Estirar esa sabia brevedad como un contenedor de *imago*. Trocear sin perder la esencia. Como quien no quiere la cosa –ese imposible axioma. Lo «popular» tenía que ser conjurado por un juego de referencias «cultas» o «rebuscadas» que, sin embargo, debían incorporarse con naturalidad al propósito original. Que todas las piezas encajasen desde su extrañeza, y que a pesar de ser crítico y metapoético en la justa proporción, el poema siguiera siendo un poema de amor.

Varja

De la *Encyclopædia Britannica*:

Vajra, Tibetan *rdo-rje*, five-pronged ritual object extensively employed in Tibetan Buddhist ceremonies. It is the symbol of the Vajrayāna school of Buddhism.

Vajra, in Sanskrit, has both the meanings of «thunderbolt» and «diamond». Like the thunderbolt, the *vajra* cleaves through ignorance. The thunderbolt was originally the symbol of the Hindu rain god Indra (who became the Buddhist Śakra) and was employed by the 8th-century Tantric (esoteric) master Padmasambhaya to conquer the non-Buddhist deities of Tibet. Like the diamond, the *vajra* destroys but is itself indestructible and is thus likened to *śūnya* (the all-inclusive void) The *vajra* is fashioned out of brass or bronze, the four prongs at each end curving around the central fifth to form a lotus-bud shape. A nine-pronged *vajra* is less commonly used.

In ritual use the *vajra* is frequently employed in conjunction with the bell (Sanskrit *ghaṇṭā*; Tibetan *dril bu*), the various gestures (*mudrās*), when correctly executed, having considerable metaphysical power. The *vajra* (symbolizing the male principle, fitness of action) is held in the right hand and the bell (symbolizing the female principle, intelligence) in the left hand, the interaction of the two ultimately leading to enlightenment.

Eros

La metáfora del arco como emblema de la relación entre ambos sexos es tan antigua como el mito. Hace una hermosa aparición en uno de los grandes poemas norteamericanos, *The Song of Hiawatha*, de Henry Wadsworth Longfellow:

> As unto the bow the cord is,
> So unto the man is woman;
> Though she bends him, she obeys him,
> Though she draws him, yet she follows;
> Useless each without the other!

...y otra, más contemporánea aunque casi idéntica, en *The Unquiet Grave*, el libro de fragmentos que Cyril Connolly puso en boca de Palinuro: «In a perfect union the man and woman are like a strung bow. Who is to say whether the string bends the bow, or the bow tightens the string? Yet male bow and female string are in harmony with each other, and their arrows can be aimed. Unstrung, the bow hangs aimless; the cord flaps idly».

Variación del «Soneto de la esperanza perdida», de Carlos Drummond de Andrade

El «Soneto da perdida esperança», que Drummond de Andrade incluyó en su primer libro, *Brejo das Almas* (1934), no es precisamente un soneto:

> Perdi o bonde e a esperança.
> Volto pálido para casa.
> A rua é inútil e nenhum auto
> passaria sobre meu corpo.
>
> Vou subir a ladeira lenta
> em que os caminhos se fundem.
> Todos eles conduzem ao
> princípio do drama e da flora.
>
> Não sei se estou sofrendo
> ou se é alguém que se diverte
> por que não? na noite escassa
>
> com um insolúvel flautim.
> Entretanto há muito tempo
> nós gritamos: sim! ao eterno.

Me pareció interesante convertirlo en aquello que proclama su título, sin traicionar demasiado el sentido del original.

CARMEN XXXII, DE GAYO VALERIO CATULO

Amabo mea dulcis Ipsithilla*,
meae deliciae, mei lepores,
iube ad te veniam meridiatum.
et si iusseris, illud adiuvato,
ne quis liminis obseret tabellam,
neu tibi lubeat foras abire.
sed domi maneas paresque nobis
novem continuas fututiones.
verum si quid ages, statim iubeto.
nam pransus iaceo et satur supinus
pertundo tunicamque palliumque

Durante mucho tiempo se pensó que en este poema, joya del «pornolirismo», Catulo se dirigía a una prostituta local que respondía al raro nombre de Ipsithilla, para pedirle una intensa sesión de sexo después de un almuerzo satisfactorio. Recientemente, William Harris ha sugerido otra interpretación, a la cual me acojo, donde la mujer mencionada en el primer verso acaba siendo la famosa Lesbia. Sus razones:

Siempre ha habido un problema con el nombre de Ipsithilla, que he señalado como corrupto o sospechoso, puesto que no es griego ni latino, como Ipthchilla, Ipsicilla, y el helenizado Hypsithilla, incluso *ipsi Thila* o una inútil *ipsa illa*. Enfrentada a la confusión, la extraña y única Ipsithilla ha resistido hasta hoy.

Sugiero que el tradicional nombre Ipsithilla, que ha confundido a editores durante siglos, sea abandonado en favor de «ipsimilla», con el significado de 'la señora de la casa'. Bajo esa luz podemos reexaminar el poema como dirigido a una dama a la que Catulo conoce bien, algo más que una conocida casual, a la que escribe una nota tratándola como Señora de la casa, que en el latín coloquial sería Ipsima. Pero como está de broma, añade un final diminutivo e hiporístico, convirtiendo 'ipsima' en Ipimilla, 'mi señorita'.

Ojo de Agua

El título es un topónimo cubano. El «pasado onírico» que se menciona en el primer verso se lo debo a la letra de una canción de Chico Buarque, «João e Maria»: observando jugar a los niños («ahora yo era el héroe…»), Chico descubrió la gramática de una ligereza que resume la frustración del ensueño; lo irreal es también puente hacia lo imaginario, primer y último paraíso. Parece un sentimiento triste, pero es sólo una apariencia. Pues habría que decir: «triste como los juegos de los niños», y eso resulta casi un contrasentido.

Sobre una estrofa de Gerard Manley Hopkins

La estrofa citada es la primera del poema más célebre del autor inglés, *The Wreck of the Deutschland*, que ya obsesionó a traductores tan ilustres como Edison Simmons y Salvador Elizondo, entre otros.

Soneto del noveno mes

En el fragmento 32 de su célebre libro de apuntes *Ocurrencias de un ocioso* (en japonés, *Tsurezuregusa*), el bonzo Kenko Yoshida (1283-1350) describe su paseo por un jardín, «el veinte del noveno mes», para contemplar la luna llena junto con unos amigos. El lugar, con la yerba crecida y bañado por el rocío, le trasmite la belleza y dignidad de un retiro especial. Tras despedirse del anfitrión, Kenko se queda un rato más en la sombra, hasta ver a una misteriosa mujer que entreabre un poco la puerta para observar la luna sin ser observada. «Quizás sea un detalle que para ella no tenga nada de particular –concluye el monje– pero que denota mucha delicadeza».

Dos tankas

Mis versiones libertinas de dos poemas incluidos en el *Hyakunin Isshu*, célebre antología de antologías, realizada en 1235 por Fujiwara no Teika (1162-1241), donde están representados con un solo poema cien poetas, casi todos de la época Heian. Para justificar mi interés -de neófito- en la literatura japonesa quizás convenga recordar el comentario de un exégeta contemporáneo: en aquella época el género *tanka*, origen de la lírica japonesa, lidiaba con los sentimientos de manera semejante a nuestro *blues*.

Jitterbug Waltz

Este poema, concebido como una oda a Nueva York, cita en su primer verso un poema juvenil de Ezra Pound sobre esa ciudad e incluye dos neblinosas referencias que creo importantes: el musical *Ain't Misbehavin'* con música de Fats Waller y un raro «Morandi», que resultó de guardar el papel sobre el cual el pintor disponía las botellas de sus célebres naturalezas muertas.

Los conspiradores

Los lectores recordarán esas dos grandes cumbres retóricas de la teoría de Pound contra la usura: el *Canto XLV* y su secuela, el *Canto LI*. Menos conocido es, sin embargo, el *Canto XII*, estructurado como un trío de parábolas, no exento de episodios reales, para ilustrar maneras usureras o «desnaturalizadas» de multiplicar la riqueza.

El primer episodio narrado en el *Canto XII* tiene a Cuba como escenario. Después de confesarse espectador de un nuevo circo romano, Pound escribe:

Baldy Bacon
bought all the little copper pennies in Cuba:
Un centavo, dos centavos,
told his peons to «bring 'em in.»
«Bring 'em to the main shack,» said Baldy,
And the peons brought 'em;
«to the main shack brought 'em,»
As Henry would have said.
Nicholas Castano in Habana,
He also had a few centavos, but the others
Had to pay a percentage.
Percentage when they wanted centavos,
Public centavos.
Baldy's interest
Was in money business.
«No interest in any other kind uv bisnis,»
Said Baldy.
Sleeping with two buck niggers chained to him,
Guardia regia, chained to his waist
To keep 'em from slipping off in the night;

El poema prosigue con la historia del tal *Baldy* Bacon,
cuando «habiendo perdido su popularidad con los cubanos»,
enfermó gravemente y regresó a Manhattan.

Francis S. Bacon fue un hombre de negocios norteameri-
cano, con el que Pound mantuvo una larga amistad. Según
la información recopilada por su biógrafo Noel Stock y otros
comentaristas, Pound conoció a Bacon en junio de 1910,
durante un viaje que hizo a Nueva York. Había terminado
su temporada de vagabundeo en Londres y quería dedicarse
a ser un hombre de negocios, como su abuelo y su padre. A
D. H. Lawrence, que lo fue a despedir, le confesó: «Habiendo
tenido todas las experiencias posibles para un hombre pobre,
debo proceder ahora a conquistar riquezas, y explorar el otro

hemisferio». Ya en Nueva York, presa de ese espíritu emprendedor, rimbaudiano, fue que se tropezó con «Baldy» Bacon, que por entonces vendía seguros y tenía una oficina en el distrito comercial de la ciudad. Éste lo embarcó en una especie de «negocio» que William Carlos Williams narrará luego en tono jocoso:

> Me propuso… que compráramos una gran cantidad de «606», el nuevo arsénico anti-sifilítico que Ehrlich acababa de anunciar al mundo, y que fuéramos inmediatamente con él a las costas del norte de África para venderlo. Entre nosotros, yo con mi título de médico y mi experiencia, y él con sus inclinaciones a la sociabilidad, podríamos, dijo, sacar limpio un millón de dólares tratando a los viejos ricachones –presumiblemente destruidos por la enfermedad– y retirarnos a nuestros placeres literarios en un plazo de un año, como mucho.

Al parecer, ese plan de Pound para hacerse millonario no funcionó, ya que el 22 de febrero del 1911 se embarcó de vuelta a Londres. Pero la figura del negociante Frank S. Bacon, y lo que éste representaba en su «idea del mundo», siguió presente en su vida. Además de aquellas reuniones en la Calle 47 Este, Pound y Bacon se volvieron a encontrar en París en julio de 1922, y en Rapallo a finales de los años veinte. A pesar de su apariencia de demonio menor dentro de un gran esquema de malignas fuerzas usureras, en realidad trató de ayudar a Pound desde sus negocios de papelería y sus relaciones comerciales. De aquellos encuentros, de aquella amistad con reparos, habría surgido la anécdota cubana que aquí se menciona.

En *The Pound Era*, Hugh Kenner vincula el cobre de esos centavos cubanos con el oricalco homérico, ornamento de Afrodita, presente en el primer Canto (sobre aquel tiempo en que el cobre y el oro eran semejantes), y define a Bacon como «another tricksome Odysseus who had discovered that currency might be something to monopolize». Sobre la estancia real de Baldy en Cuba poco se sabe. Un registro migratorio de Ellis Island lo muestra de vuelta a Estados Unidos, como pasajero del *Morro Castle*, el 11 de septiembre de 1906.

El otro personaje citado al comienzo del *Canto XII*, Nicolás Castaño Capetillo (1836-1926), es bastante más conocido: a comienzos del siglo XX, fue el hombre más acaudalado de Cuba. De origen vasco, llegó a la isla en 1849 y desde 1851 trabajó en Cienfuegos como dependiente de bodega, vendedor ambulante y empleado de Esteban Cacicedo, hasta establecerse por su cuenta con una fábrica de velas y una tienda mixta que perdió en un incendio. Junto a un socio fundó la Castaño Intriago, casa comercial y bancaria que funcionó hasta 1888. Mediante créditos llego a ser acreedor de algunos de los principales negocios de la ciudad, y propietario de varios centrales azucareros. Años después, su patrimonio se unió con el de los Falla, otra de las más ricas familias cubanas. Según algunos historiadores cubanos, en el origen de su inmensa fortuna están las confiscaciones a los cubanos condenados por sus ideales o acciones separatistas, bajo el control de una Junta de Bienes Embargados. Castaño, teniente del Batallón de Voluntarios de Cienfuegos, fue miembro de una de esas comisiones. Al parecer, por esa vía muchas de las propiedades enajenadas a los patriotas habrían caído en sus manos.

Algo que, suponemos, tampoco hubiera aprobado Pound.

ANIMAL ATERIDO...

Escrito tras la lectura del libro de Adam Nicolson, *The Mighty Dead. Why Homero matters*, donde hay una conmovedora descripción del *pontos atrygetos*. Aunque el poema también alude, por supuesto, a otros mares menos literarios.

TRAS LEER LAS DOS VERSIONES DE «THE BROKEN BOWL», DE JAMES MERRILL

James Merrill hizo dos versiones del poema titulado «The broken bowl» (El vaso roto). La primera, incluida en su temprano libro *The Black Swan*, fue revisada (con drásticos retoques) en 1981, para su inclusión en la antología *From the First Nine. Poems, 1946-76*.

HANCOCK

Escrito después de una visita a Hancock Shaker Village, en Massachusetts.

QUINCE ESTACIONES

Las «nubes de flores» son, por supuesto, las *hana no kumo* con que se abre un célebre haiku de Basho: cerezos en flor, que pude ver a lo largo de la avenida Tenshochi, junto al río, en Kitakami. El número diez mil no es una metáfora.

Los tabebuia son los de Miami, en pleno agosto.

El «niño que robaba centellas» es, por supuesto, el «enfant voleur des étincelles» del *Rondel* de Tristan Corbière: noche infantil.

Lirios, obra maestra del pintor japonés Kurin Ogata, fue expuesto en el Museu Nezu de Tokio en abril del 2015.

El último haiku de la serie parodia e invierte (como un espejo) un microrrelato (o poema en prosa) de Sakutaroo Hagiwara (1886-1942) titulado precisamente «Espejo». En la traducción al inglés de Hiroaki Sato, dice: «Even if you go behind the mirror, 'I' won't be there. Young lady!» (en *Cat Town*, NYRB, NY, 1978, pág. 157).

Wang Wei en la ermita

Mi versión del poema de Wang Wei «En la ermita del Parque de los Venados» (*Lù zhái*), escrita, por supuesto, luego de leer el ensayo de Eliot Weinberger «Diecinueve maneras de ver a Wang Wei» (en *Invenciones de papel*, Vuelta, México, 1990).

La vergüenza del viaje (Rensaku)

Un *rensaku* es un grupo de haikus que giran alrededor del mismo acontecimiento o experiencia. El que da título al conjunto merece una aclaración: prácticamente traduzco, de forma literal, un dicho japonés: *tabi no haji wa kakisute*. Quiere decir que quien hace algo impropio durante un viaje no es igual de responsable que si hubiera cometido la falta en casa.